Ratilde

Texto: Elisa Ramón
Ilustraciones: Mabel Piérola

edebé

Colección: MATICUENTOS
Proyecto y edición: Grupo edebé

© del texto, Elisa Ramón
© de las ilustraciones, Mabel Piérola

© Ed. Cast.: Edebé, 2000
Paseo San Juan Bosco, 62
08017 Barcelona
www.edebe.com

ISBN 84-236-4617-3
Depósito Legal: B. 30852-2000
Impreso en España
Printed in Spain
EGS - Rosario, 2 - Barcelona

No está permitida la reproducción total o parcial de este libro, ni su tratamiento informático, ni la transmisión de ninguna forma o por cualquier medio, ya sea electrónico, mecánico, por fotocopia, por registro u otros métodos, sin el permiso previo y por escrito del editor.

Había una vez **una** ratita pequeña llamada Ratilde.
Ratilde tenía un padre y una madre, y un montón de hermanos y hermanas. Pero ahora estaba sola. En un viaje muy largo, camino de una nueva casa, se había perdido.

Buscando a su familia, Ratilde fue a parar a una alcantarilla. De pronto, tropezó con **dos** ratas enormes, feas y malhumoradas.

Ratilde se armó de valor y preguntó:

—¿Habéis visto por aquí a una familia de ratones?

Las dos ratas la miraron amenazadoramente.

Trepando, trepando, llegó a una gran sala. El suelo era de mármol y había **tres** puertas de madera maciza.

Ratilde se coló por la puerta que estaba abierta.

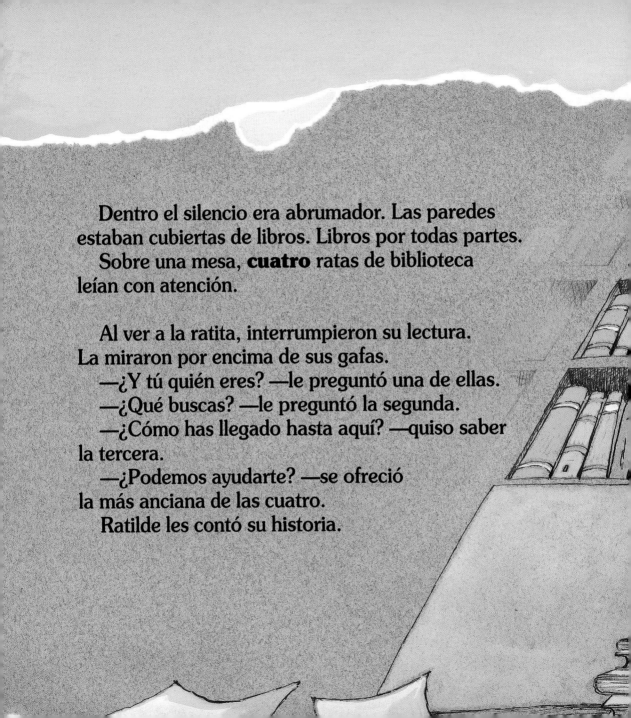

Dentro el silencio era abrumador. Las paredes estaban cubiertas de libros. Libros por todas partes.

Sobre una mesa, **cuatro** ratas de biblioteca leían con atención.

Al ver a la ratita, interrumpieron su lectura. La miraron por encima de sus gafas.

—¿Y tú quién eres? —le preguntó una de ellas.

—¿Qué buscas? —le preguntó la segunda.

—¿Cómo has llegado hasta aquí? —quiso saber la tercera.

—¿Podemos ayudarte? —se ofreció la más anciana de las cuatro.

Ratilde les contó su historia.

Las ratas sabias ya habían oído hablar de su familia. Incluso habían conocido a los padres, que buscaban desesperadamente a su hija perdida. Pero no recordaban dónde vivían ahora. Para hacer memoria, se rascaron la cabeza, se retorcieron los bigotes y se limpiaron las gafas. A veces, esas cosas ayudan.

Por fin, la rata más anciana gritó:

—¡Ya me acuerdo!

El corazón de Ratilde pegó un salto.

—En la fiesta del libro oí decir que se habían instalado en la pastelería.

Gracias a las indicaciones de las ratas de biblioteca, Ratilde encontró la pastelería.

En un rincón de las cocinas, **cinco** ratoncillos amasaban pasteles.

—Ho...la —resopló Ratilde por el cansancio.

Los cinco ratoncillos se acercaron a ella. La olfatearon y, al instante, supieron que se trataba de su hermana.

Con tantos abrazos, Ratilde quedó rebozada de harina desde la punta de la cola hasta la punta de las orejas.

Para celebrarlo, merendaron **seis** pasteles recién hechos: un pastel para cada uno.

Y más tranquilos, se explicaron sus penas.

Resulta que los dos hermanos mayores habían salido en su busca.

—Subieron al desván... —contó una de sus hermanas con un nudo en la garganta.

—Ignorando el peligro que corrían... —añadió otra.

—¡Los gatos! —puntualizó el hermano más miedoso.

—Como no regresaban —dijo otro—, papá y mamá fueron a buscarlos.

—Y desde entonces no sabemos nada de ellos —acabó el más pequeño.

—¡Ratañola!* —exclamó Ratilde.

Y la ratoncita decidió encontrarlos.

(*) Ratañola: exclamación exclusivamente ratonil que significa «qué fuerte».

El desván era el hogar de los gatos. De allí salían unos ronquidos aterradores.

La ratita caminaba despacio, con el corazón encogido por el miedo.

Grandes y peludos, **siete** gatos dormían a pierna suelta. Acababan de zamparse una pila de ratones.

Ratilde estaba paralizada de miedo. Nunca había visto algo tan espantoso.
Contó **ocho** jaulas llenas hasta los topes de ratones. Les esperaba un destino terrible.

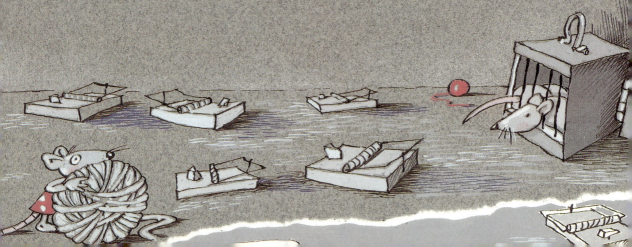

De repente, oyó un ruido a sus espaldas.
Casi se cae del susto.
—¡Chiss, chiss! —hizo un joven y decidido ratón—. ¿Te has escapado? —le preguntó en un susurro.

—No —respondió Ratilde en voz baja—. Busco a mis padres y a mis dos hermanos mayores.

Entonces, el joven y decidido ratón le propuso unirse al grupo. Eran **nueve** valientes ratones que esperaban la ocasión de rescatar a los ratones enjaulados.

En ese momento pasó una cosa muy extraña. Ratilde se quedó mirando a dos ratones y ellos la miraron a ella. A los tres se les erizó el pelo. ¡Había encontrado a sus padres! Formaban parte del grupo de valientes.

—¡Ratilde! —exclamaron los padres al mismo tiempo.

—¡Padres! —exclamó Ratilde lanzándose a sus brazos.

—Siento interrumpir —les cortó el joven ratón—, pero tenemos que darnos prisa para liberar a nuestros amigos.

Todos estaban a punto.
—Tus hermanos están allí dentro —le susurró su madre.
—¡Pues no perdamos tiempo! —dijo la ratoncita, uniéndose a los rescatadores.

Todos juntos y bien organizados fueron a liberar a los ratones enjaulados.

¡La operación rescate fue un éxito!

Los ratones salieron pitando a todo correr.

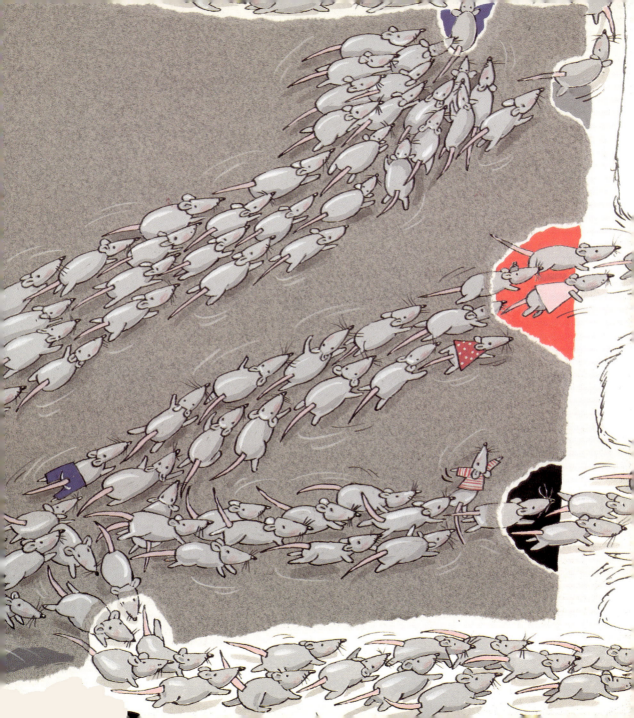

Por fin Ratilde había encontrado a toda su familia.

Allí estaban sus siete hermanos, papá, mamá y ella.

Era una gran familia de **diez** ratones.

Y Ratilde nunca más volvería a estar sola.

MATICUENTOS

Todos los relatos incluidos en la **colección Maticuentos** desarrollan un contenido matemático, pero tan integrado en la historia que el lector lo entiende de forma natural y lúdica. Los niños y niñas se divertirán leyendo y al mismo tiempo interiorizarán los contenidos trabajados.

Para lograr esta simbiosis, se ha contado con la colaboración de excelentes escritores e ilustradores de literatura infantil, así como expertos en educación matemática.

Ratilde presenta **los primeros números (del 1 al 10)** de forma lúdica, a través del texto y de la riqueza de sus imágenes. Se trata de un contenido especialmente recomendado para los alumnos de **Educación Infantil (5 años)** y **de 1º de Primaria.** Los números se integran en las situaciones que le ocurren a la protagonista. Asimismo, transmite valores de **educación moral y cívica** y de **educación para la paz.**